Karl Marx & Friedrich Engels

Manifest der
Kommunistischen Partei

공산당 선언

1판 1쇄 발행 2021년 5월 14일

지은이 | 카를 마르크스, 프리드리히 엥겔스
옮긴이 | 진일상
발행인 | 신현부

발행처 | 부북스
주소 | 04613 서울시 중구 다산로29길 52-15[신당동], 301호
전화 | 02-2235-6041
팩스 | 02-2253-6042
이메일 | boobooks@naver.com

ISBN 979-11-86998-98-4 04080
ISBN 978-89-93785-07-4 [세트]

부클래식

086

—

공산당 선언

카를 마르크스
프리드리히 엥겔스

진일상 옮김

부북스

차례

1872년 독일어판 서문[01]

카를 마르크스
프리드리히 엥겔스

공산주의자 연맹, 즉 당시 상황하에서는 은밀하게만 존재할 수
있었던 국제적인 노동자들의 조직은 1847년 11월 런던에서 개최
된 회의에서 이 선언문의 서명자들에게 대중을 위한, 이론적으로
나 실천적으로 상세한 당의 강령을 작성해 줄 것을 의뢰했다. 이
렇게 해서 다음과 같은《선언》이 나왔으며, 이 원고는 2월 혁명이
일어나기 몇 주 전에 인쇄를 위해 런던에 도착했다. 먼저 독일어
로 발표되었는데, 독일과 영국, 아메리카에서는 적어도 열두 개
의 다양한 판본의 독일어로 인쇄되었다. 최초의 영어 출판본은
1850년 런던의《붉은 공화주의자 Red Republican》에 실린 헬렌 맥

---

01   1872년 라이프치히에서 출판된《공산주의 선언 Das kommunistische
     Manifest》의 서문. Karl Marx/ Friedrich Engels Werke. Dietz Verlag, Berlin.
     Band 18, 5. Auflage 1973, unveränderter Nachdruck der 1. Auflage 1962,
     Berlin/DDR, S. 95-96.

팔레인 Helen Macfarlane의 번역이었고, 아메리카에서는 1871년에 적어도 세 개의 다른 번역본이 나왔다. 프랑스어로는 1848년 6월 혁명 직전 파리에서 처음으로, 최근에는 뉴욕의 《사회주의자 Socialiste》에 발표되었다. 새로운 번역도 진행 중이다. 독일어 초판이 나온 직후 폴란드어 판이 런던에서 나왔고, 60년대에는 제노바에서 러시아어로 번역되었다. 곧이어 덴마크어로도 번역되었다.

지난 25년간 상황이 많이 변했다 하더라도, 이《선언》에서 전개된 일반적인 기본원칙들은 전반적으로 오늘날에도 여전히 그 정당성을 갖고 있다. 개개의 원칙은 군데군데 개선될 필요가 있을 것이다.《선언》그 자체도 말하고 있듯이, 그 기본원칙의 실천적인 적용은 어느 곳, 어느 시기이건 그 역사적인 당면 상황에 의해 좌우될 것이다. 그렇기 때문에 2장 마지막 부분의 혁명적인 조치에 대한 권고에 특별히 그 비중이 있지는 않다. 이 부분은 오늘날 여러 측면에서 달라져야 할 것이다. 지난 25년간 대규모 산업의 엄청난 발전, 그와 더불어 진전된 노동자 계급의 정당조직, 실천적인 경험, 우선 2월 혁명과 더 나아가 프롤레타리아가 처음으로 두 달간 정치적 권력을 잡았던 파리 코뮌에 대비해보면, 오늘날 이 프로그램은 부분적으로 낡은 것이 되었다. 예를 들어 코뮌은 "노동자 계급은 완성된 국가기구를 그냥 소유하여, 자신의 독자적인 목적을 위해 그것을 움직일 수 없다."라는 것을 입증해

보였다. [《프랑스 내전 ; 국제 노동자연맹 총의회의 공문》, 독일어 판 19쪽을 보라.]

그 밖에도 사회주의 문헌은 1847년까지의 것이었기 때문에, 오늘날의 시각에서 보면 그에 대한 비판에 빈틈이 있다는 것은 당연하다. 여러 반대당에 대한 공산주의자들의 입장에 관한 주석도[4장] 마찬가지이다. 만약 그 기본명제가 오늘날에도 여전히 정당하지만, 그 실행에 있어서 낡았다면, 그 이유로는 정치적인 상황이 완전히 변했고, 대부분 거기에서 언급된 정당들은 역사의 발전으로 인해 세상에서 사라졌기 때문이다.

그런 점에서 《선언》은 역사적인 기록물이며, 그것을 수정할 권한이 우리에게는 없다. 아마도 이후의 판본은 1847년부터 지금까지의 간격을 이어주는 서론을 함께 싣게 될 것이다. 이 선언문의 발행은 너무나 갑작스럽게 이루어져서, 우리에게는 그럴 시간이 없었다.

런던, 1872. 7. 24.
카를 마르크스, 프리드리히 엥겔스

공산당 선언[02]

유령 하나가 유럽을 떠돌고 있다. 공산주의라는 유령이다. 낡은
유럽의 모든 권력들이 이 유령을 쫓아내려는 성스러운 몰이사냥
을 위해 동맹[03]을 맺었다. 교황[04]과 차르,[05] 메테르니히[06]와 기조,[07]
프랑스 급진주의자들과 독일 경찰이다.

  권력을 잡은 반대파로부터 공산주의라는 비방을 받지 않은
반대당이 어디 있겠는가, 거꾸로 반대당이 자신보다 더 진보적인

---

02 Karl Marx/Friedrich Engels – Werke. Dietz Verlag, Berlin Band 4, 6. Auflage
     1972, unveränderter Nachdruck 459-493.

03 1815년 9월 26일 러시아, 오스트리아, 프로이센이 자유주의 세력에 대항해 맺
     은 신성동맹.

04 피우스 9세.

05 러시아의 니콜라우스 1세.

06 오스트리아 신성로마제국의 외무장관, 수상.

07 프랑스 외무장관.

반정부 인사들 그리고 자신의 반동적인 반대파에게 공산주의라는 낙인으로 그 비난을 되돌리지 않은 곳이 어디 있겠는가.

이러한 사실에서 두 가지가 분명해진다.

Ⅰ. 공산주의는 이미 유럽의 모든 세력에 의해 하나의 세력으로 인정받고 있다.
Ⅱ. 지금이 바로, 공산주의자들이 자신의 사고방식, 목적, 의도를 전 세계에 공표하고 공산주의 유령이라는 황당한 이야기에 대해 당의 선언문을 가지고 맞서야 할 때이다.

이런 목적으로 다양한 국적의 공산주의자들이 런던에 모여 다음 선언문의 토대를 닦았다. 이것은 영어, 프랑스어, 독일어, 이탈리아어, 플랑드르어, 덴마크어로 출간될 것이다.

I. 부르주아와 프롤레타리아

지금까지의 모든 사회의 역사는 계급투쟁의 역사이다.

자유인과 노예, 귀족과 평민, 봉신[08]과 농노, 직인 조합의 시민과 직인, 간단히 말해 억압하는 자와 억압받는 자들은 끊임없이 서로 대립해왔다, 이들은 때로는 드러내지 않고 때로는 공개적으로 쉼 없이 투쟁해왔는데, 그 투쟁은 사회전체의 혁명적인 전복과 함께, 혹은 투쟁하던 계급들이 같이 몰락함으로써 종식되었다.

역사의 초기 시기 어디에서든 사회에는 거의 다양한 계급으로 완전하게 구성되어 있고, 다양한 등급의 사회적인 지위가 있었음을 발견하게 된다. 고대 로마에는 귀족과 기사, 평민, 노예가 있었고, 중세에는 봉건영주, 봉신, 직인 조합의 시민, 도제, 농노가 있었으며, 게다가 이들 계급은 거의 모두 특정한 등급으로 세

---

08 공작, 후작, 백작, 자작, 남작으로 분화되기 전에 왕의 봉토를 받은 봉신.

분되었다.

봉건사회의 몰락으로 생겨난 근대 시민사회는 계급 간의 적대관계를 철폐하지 않았다. 근대 시민사회는 낡은 계급, 억압, 투쟁을 새로운 계급, 새로운 억압 조건, 새로운 투쟁 형태로 대체했을 뿐이다.

우리의 시대, 부르주아의 시대의 특징은 계급 간의 적대관계를 단순화했다는 데 그 특징이 있다. 모든 사회는 점점 더 두 개의 적대적인 거대 진영, 서로 직접적으로 대립하는 두 개의 계급으로 분열되어가고 있다. 바로 부르주아와 프롤레타리아이다.

중세의 농노에서 초기 도시의 성밖 시민[09]이 생겨났고, 이들 시민계급에서 부르주아의 초기 요소들이 만들어졌다.

아메리카의 발견, 인도항로 개척은 부상하기 시작한 근대 부르주아에게 새로운 영역을 개척해주었다. 동인도와 중국의 시장, 아메리카 대륙의 식민지화, 식민지와의 교역, 교환수단과 물품의 증가로 인해 무역, 해운, 산업은 이전에 경험해보지 못한 호황을 맞았고, 이와 함께 무너져가는 봉건사회 내에서 혁명적인 요소가 급속도로 발전하였다.

지금까지의 봉건제와 직인 조합에 의한 산업의 운영방식은

---

09 성으로 경계가 만들어진 도시의 법적 영역 내에 거주하지 않으면서 시민권을 가진 이들.

새로운 시장과 더불어 증가하는 수요를 다시는 감당하지 못하게 되었다. 공장제 수공업이 그 자리에 들어섰다. 직인 조합 장인들은 산업의 중간계급에 의해 밀려났다. 다양한 협업들로 이루어지던 노동의 분업은 개개 작업장 내에서 이루어지는 노동의 분업 앞에서 사라졌다.

그러나 시장은 점점 더 성장했고, 수요도 계속 늘어났다. 공장제 수공업도 더는 이를 충족시킬 수 없게 되었다. 그때 증기기관과 기계가 산업 생산의 혁명을 가져왔다. 공장제 수공업 대신 근대적인 대규모의 산업이 들어섰고, 산업의 중간계급의 자리에 산업 백만장자, 산업 군대의 수장, 근대의 부르주아가 나타났다.

아메리카 대륙의 발견으로 열리게 된 세계 시장은 대규모 산업에 의해 그 모양을 갖추게 되었다. 세계 시장은 무역, 해운, 육상교통에 엄청난 발전을 가져다주었다. 그 발전은 다시 산업의 확장에 영향을 끼쳤다. 산업, 무역, 해운, 철도가 확장되는 만큼 부르주아가 발전하고, 부르주아는 자신의 자본을 확장하면서 중세부터 이어져 온 모든 계급들을 뒷전으로 몰아냈다.

그래서 우리는 근대사회의 부르주아 그 자체가 오랜 발전 과정의 산물임을, 생산과 유통양식의 변혁들에 의한 산물임을 보게 된다.

이렇게 부르주아가 발전해온 각각의 단계에는 그에 상응하는 정치적인 진보가 동반되었다. 봉건 군주의 지배하에서 억압받는 신분, 코뮌[10]에서 스스로 무장한 자치 연합체, 어떤 곳에서는 독립적인 도시 공화국, 또 다른 곳에서는 왕정에 납세 의무가 있는 제3의 신분이었고, 현재 공장제 수공업 시대에는 신분제 또는 절대 왕정체제에서 귀족에 대한 대항 세력, 그러니까 거대 왕정의 주요 토대로서 부르주아가, 근대 대의제 국가에서 대규모 산업과 세계 시장이 만들어진 이래 마침내 배타적인 정치적인 권력을 쟁취했다. 근대적 국가권력은 부르주아 계급 전체의 공동업무를 관장하는 위원회에 지나지 않는다.

부르주아는 역사상 최고도의 혁명적인 역할을 수행했다.

권력을 잡은 곳에서 부르주아는 모든 봉건적, 가부장적, 목가적인 관계를 끝장냈다. 부르주아는 사람을 태생적 상전에 묶는 갖가지 봉건적 끈들을 가차 없이 잘라내고, 사람과 사람 사이에는 노골적인 이해관계인 냉정한 "현금 지급"만을 남겨두었다. 그들은 경건한 종교적 열정과 기사도의 열광, 소시민적인 감상의 신성한 전율을 이기적인 계산이라는 얼음물 속에 익사시켰다. 그들은 개인의 존엄을 교환가치로 용해시켰고, 정당하게 얻어내고 성문화된 수많은 자유의 자리에 양심이라곤 없는 하나의 자유, 자유 무역을 배치시켰다. 한마디로 그들은 종교적, 정치적 환상에 의해 가려져 있던 착취를 노골적이고 파렴치하고 직접적이고

---

10   12세기 북프랑스를 중심으로 퍼져나간 주민자치제.

가차 없는 착취로 대체했다.

　부르주아들은 지금껏 존경과 경건한 두려움으로 바라보았던 모든 직업 활동의 신성한 후광을 벗겨버렸다. 그들은 의사, 법률가, 성직자, 시인, 학자들을 돈을 받고 일하는 그들의 노동자로 탈바꿈시켰다.

　부르주아는 가족관계에서 감동적이고 감상적인 베일을 벗겨내고 그것을 순수한 금전 관계로 환원시켰다.

　보수반동 세력은 중세시대의 무자비한 힘의 행사에 대해 경탄한 바 있지만, 부르주아는 게을러터진 배짱이 짓이 그것을 보완할 수 있음을 드러냈다. 그들은 비로소 인간의 활동이 무엇을 할 수 있는지 증명해 보였다. 그것은 이집트의 피라미드, 로마의 수로, 고딕식 교회와는 전혀 다른 놀라운 작업을 완성시켰고, 민족대이동이나 십자군 원정과는 전혀 다른 행진을 수행했다.

　부르주아는 생산 도구 그리고 그것에 의한 생산관계, 그러니까 사회관계 전반의 지속적인 혁명 없이는 존재할 수 없다. 이와 반대로 이전의 모든 산업 계급의 첫 번째 존재 조건은 기존의 생산 방식을 변화 없이 존속시키는 것이었다. 생산의 지속적인 전복, 모든 사회적 상황들을 끊임없이 흔들어 대기, 영원한 불안정과 동요는 다른 무엇보다 부르주아 시대의 두드러진 특징이다. 녹슨 채 굳어진 모든 관계들과 그로 인해 생겨난 오래되고 존중받는 관념과 사고관은 와해되고, 새로 형성되는 모든 것들은 인습이 되기 전에 낡은 것이 된다. 모든 신분적인 것과 모든 고정된 것은 증발해버리고 신성한 모든 것은 모독당하고, 마침내 인간은 자신의 사회적 지위, 상호 관계를 냉정한 눈으로 바라보도록 강요받게 되었다.

부르주아는 자신들이 만들어낸 생산품의 판로를 끊임없이 확장하려는 욕구로 인해 전 세계를 쫓아다닌다. 그들은 모든 곳에 둥지를 틀고 정착하고, 모든 곳에 연결망을 만들어야 한다.

부르주아는 세계 시장을 착취해 나감으로써 모든 나라의 생산과 소비를 범세계적으로 만들었다. 그들은 산업의 국가적인 기반을 그들 발아래에 두었는데, 이것은 반동주의자들에게 매우 유감스러운 것이다. 아주 오래된 국가 산업들은 파괴되었고, 아직도 매일 파괴되고 있다. 그것들은 새로운 산업에 의해 내몰리고 있으며, 새로운 산업의 도입은 모든 문명국가들의 사활이 걸린 문제가 된다. 더 이상 자국의 원료가 아니라 먼 지역에서 나오는 원료로 작업하며, 그것으로 생산된 제품은 국내뿐만 아니라 전 세계에서 동시에 소비되는 그런 산업이다.

자국에서 만들어진 상품에 만족하던 낡은 수요의 자리에, 아주 먼 나라와 지역의 생산품으로부터 욕구를 충족하는 새로운 수요가 들어선다. 낡은 지역적, 국가적인 자족과 폐쇄성은 전방위적인 교류와 국가 간의 전방위적인 상호의존성으로 대체된다. 물질적인 생산품뿐만 아니라, 정신적인 생산품도 그러하다. 개개 국가의 정신적인 생산물은 공동의 재산이 된다. 국가적인 일방성과 편협함은 점점 더 불가능하게 되고, 수많은 국가와 지역 문학으로부터 세계문학이 만들어진다.

부르주아는 모든 생산 도구의 재빠른 개선과 엄청나게 간편해진 통신 수단을 통해, 모든 나라들, 심지어 미개한 나라들조차 문명화로 끌어당긴다. 그들이 만들어낸 상품의 저렴한 가격은 중국의 모든 성벽을 무너뜨리고, 외세에 대한 완강한 증오심을 가진 미개인들을 투항하도록 만드는 육중한 대포이다. 부르주아는 모든 민족국가들에, 멸망하지 않으려면 부르주아 계급의 생산 방식을 취하라고 강요한다, 부르주아는 그들에게 소위 문명화를 도입하라고, 즉 부르주아가 되라고 강요한다. 한마디로 그들은 자신들의 이미지에 따라 하나의 세계를 만들어간다.

부르주아는 농촌을 도시의 지배하에 종속시켰다. 그들은 수많은 도시를 만들어냈다. 부르주아는 도시민 수를 농촌의 거주민에 비해 엄청나게 증가시켰고, 그렇게 인구 상당 부분에서 전원생활이라는 바보 같은 관용어를 떼어냈다. 그들이 농촌을 도시에 종속시켰던 것처럼, 부르주아는 미개하거나 개화하기 시작한 나라들을 문명화된 나라들에 종속시키고, 농업 민족을 부르주아 민족에게, 동양을 서양에 종속되도록 만들었다.

부르주아는 점점 더 생산 수단의 분산, 소유의 분산, 인구의 분산을 제거해 나갔다. 그들은 인구를 응집시키고 생산 수단을 중앙 집중화하고 소유를 소수의 손에 집중시킨다. 이에 따른 불가피한 결과가 정치적 중앙 집중화이다. 다양한 이해관계들, 법률들, 행정부들과 관세 체계들을 가진 지역들, 즉 동맹으로 느슨하게 묶인 독립적 지역들이 하나의 국가, 하나의 정부, 하나의 법, 하나의 국가적인 계급 이해, 하나의 관세 지역으로 통합되었다.

부르주아는 한 세기가 채 되지 않는 그들의 지배 기간 동안, 이전 세대를 모두 합친 것보다 더 크고 거대한 생산력을 만들어 냈다. 자연의 힘을 정복하는 것, 기계화, 화학을 산업과 농경에 이용, 증기선, 철도, 전신, 전 대륙의 개간, 모든 강의 운하화, 바다에서 솟구친 인구수―이런 생산적인 힘들이 사회노동의 품에서 잠자고 있었다는 것을 이전에 어떤 세기가 예감했겠는가?

따라서 우리는 알게 되었다. 부르주아가 형성되는 바탕이 되는 생산수단 및 교환수단은 봉건사회에서 산출된다. 이러한 생산 및 교환수단이 발전하는 어느 단계에서 봉건사회의 생산과 교환 상태, 농경문화와 수공업의 봉건적인 조직, 한마디로 말해 봉건제의 소유관계는 이미 발전된 생산력에 더 이상 부합하지 않게 되었다. 그것들은 생산을 촉진시키기는커녕 저해했다. 그것들은 그 수만큼, 수많은 족쇄로 변했다. 그것들은 폭파되어야 했고, 폭파되었다.

그 자리에는 자유로운 경쟁이 그것에 적합한 사회적, 정치적 제도와 부르주아 계급의 정치적, 경제적 지배와 함께 들어섰다.

우리의 눈앞에서도 비슷한 움직임이 일어나고 있다. 부르주아적 생산과 교환 관계, 부르주아적 소유관계, 그 엄청난 생산과 교환수단이 생겨나도록 마법을 부린 근대 시민사회는 자신이 불러낸 지하세계의 힘들을 더 이상 통제하지 못하는 마법사와 같다. 지난 수십 년간의 공업과 상업의 역사는 근대적인 생산 조건에 대한, 부르주아와 그 권력을 지탱해주는 삶의 조건이 되는 소유관계들에 대한 근대적 생산력들의 반역의 역사일 뿐이다. 이는 주기적으로 반복되면서 점점 더 위협적으로 모든 시민사회의 존재에 의문을 제기하는 상업의 위기를 언급하는 것만으로도 충분하다. 상업의 위기 속에서는 생산된 물건뿐만 아니라 이미 완성된 생산력의 많은 부분이 함께 파괴된다. 이 위기 속에서는 이전 시대에서는 말도 안 되는 것으로 보이는 사회적인 전염병 즉, 과잉 생산이라는 전염병이 발생한다. 사회는 갑자기 일시적인 야만 상태로 퇴보하게 된다. 그러니까 기아 또는 전면적인 섬멸전으로 인해 모든 생필품이 부족한 것처럼 보이는 것이다. 산업과 상업도 파괴된 것처럼 보인다. 왜? 그들은 너무나 많은 문명, 너무나 많은 생필품, 너무나 많은 산업, 너무나 많은 상업을 소유했기 때문이다. 사회가 갖고 있는 생산력은 더 이상 부르주아들의 소유관계의 발전에 사용되지 않는다. 반대로 생산력은 이러한 소유관계에 비해 너무 강력해져서, 소유관계에 의해 저지를 받게 되었다. 생산력이 이러한 방해를 극복하자마자, 시민사회 전체를 무

질서로 몰아넣고 시민적 소유관계의 존재를 위협한다. 부르주아의 상황은 자신들이 만들어낸 부를 차지하기에는 너무 협소해졌다. — 부르주아는 어떻게 이 위기를 극복하는가? 한편으로는 많은 생산력들의 강제적인 파괴를 통해, 다른 한편으로는 새로운 시장을 정복하고 낡은 시장을 더 철저하게 착취하는 것을 통해서다. 그러니까 어떻게? 전방위이고 더 강력한 위기를 만들어내고 그 위기를 막을 수 있는 수단들을 최소화함으로써.

부르주아가 봉건주의를 무너뜨렸던 무기들이 이제 부르주아를 향하고 있다.

그런데 부르주아는 자신들을 죽음으로 몰아넣는 무기를 갈고 닦았을 뿐만 아니라, 이 무기를 사용할 인간들도 생산해냈다. 바로 근대적인 노동자 계급, 프롤레타리아다.

부르주아, 즉 자본이 발전하는 만큼, 프롤레타리아, 근대적 노동자 계급이 발전한다. 그들은 일자리를 찾는 한 살 수 있고, 그들의 노동이 자본을 증식시키는 한 일자리를 찾을 수 있다. 조금씩 자신을 내다 팔아야만 하는 이 노동자들은 하나의 상품이기 때문에, 다른 상품들처럼 모든 경쟁의 부침에, 모든 시장의 변동에 그대로 노출된다.

프롤레타리아의 노동은 기계화의 확대와 분업화로 인해 모든 자립적인 성격을 상실하게 됨으로써, 노동자들에게도 그 모든 매력을 상실하게 되었다. 노동자는 단지 기계의 부속품이 되고,

그들에게 요구되는 것은 단순하고 단조롭고 쉽게 습득할 수 있는 손놀림뿐이다. 따라서 노동자 한 명이 발생시키는 비용은 노동자 자신의 생계유지와 노동자라는 종을 가까스로 번식시키는 데 필요한 생필품에만 국한된다. 상품의 가격, 그러니까 노동의 가격은 그것의 생산 비용과 동일하다. 따라서 노동의 역겨움이 증가하는 만큼 임금은 줄어든다. 더 나아가 기계화와 분업이 증가함에 따라 노동의 양이 증가한다. 그것이 노동 시간의 증가나 주어진 시간에 요구되는 작업의 증가로 인한 것이건, 혹은 빨라진 기계의 속도 등등에 의한 것이건 간에.

근대 산업은 가부장적인 장인의 작은 작업실을 산업자본가의 거대한 공장으로 바꾸었다. 노동자 무리들은 공장 안으로 떠밀려 들어가 군인처럼 조직화되었다. 그들은 산업 군대의 병사로 장교와 하사관으로 이루어진 완벽한 위계질서의 감시를 받게 된다. 그들은 부르주아와 부르주아 국가의 노예일 뿐만 아니라, 매일 매시간 기계에 의해, 감독관에 의해 그리고 무엇보다 공장을 운영하는 개개 부르주아에 의해 종처럼 부림을 당한다. 이런 폭정은 그들의 목적이 돈벌이라고 분명하게 선언할수록 점점 더 옹졸하고 야비하고 냉혹해진다.

수작업에서 숙련성과 힘의 과시가 덜 필요할수록, 즉 근대적인 산업이 발전할수록, 남자들의 노동은 여성의 노동에 의해 밀려난다. 노동자 계급에 나이와 성별의 차이는 더 이상 사회적으로 통용되지 않는다. 단지 나이와 성별에 따라 다양한 비용을 발생시키는 노동의 도구가 있을 뿐이다.

공장주가 노동자에게 현금으로 임금지불을 하면서 노동자 착취가 끝이 나면, 곧 부르주아의 다른 부류들이 노동자를 향해 달려든다. 즉, 집주인, 수리공, 전당포 주인 등이다.

중간계급 중에서 소중간 계층 즉, 소규모 기업가, 소상인과 적은 연금의 생활자, 수공업자와 농민들, 이 모든 계층들이 점진적으로 프롤레타리아로 떨어지는데, 이는 부분적으로는 그들이 가진 적은 재산이 대규모 산업을 경영하기에 충분하지 않거나, 더 많은 자본을 가진 이들과의 경쟁에서 지기 때문이고, 부분적으로는 새로운 생산 방식에 의해 그들의 숙련성이 더 이상 쓸모없어지기 때문이다. 이렇게 프롤레타리아는 인구의 모든 계층으로부터 충원한다.

프롤레타리아는 다양한 발전단계를 거친다. 부르주아에 대항하는 노동자의 투쟁은 노동자라는 존재와 더불어 시작된다.

처음에는 개개의 노동자들이 투쟁하고, 그 후에는 어느 공장의 노동자들, 그런 다음에는 어느 지역 노동지부의 노동자들이 자신들을 착취하는 개개 부르주아를 대상으로 투쟁한다. 그들의 공격은 부르주아적 생산 방식뿐만 아니라, 그들의 생산 도구 자체를 향하게 된다. 그들은 자신들과 경쟁하는 외국의 생산품들을 파괴하고, 기계를 부수고, 공장에 불을 지르고, 중세 노동자의 몰락한 지위를 되찾고자 애를 쓴다.

이 단계에서 노동자들은 전국으로 흩어지고, 그들끼리의 경쟁으로 분열된 대중을 형성한다. 만약 노동자들의 대대적인 결속이 있다면, 그것은 아직 그들 스스로가 뭉친 결과가 아니라, 부르주아가 단결한 결과이다. 부르주아는 자신들의 정치적 목적을 달성하기 위해 프롤레타리아 전체를 움직여야만 하고, 한동안은 그럴 수 있다.

이 단계에서 프롤레타리아는 그들의 적이 아니라 적의 적과 투쟁한다. 즉, 절대 왕정의 잔재들, 지주들, 비산업 부르주아, 소시민들이다. 모든 역사적인 움직임은 그렇게 부르주아의 손에 집중된다. 이렇게 얻어진 모든 승리는 부르주아의 승리이다.

그러나 산업의 발전과 더불어 증가하는 것은 비단 프롤레타리아만은 아니다. 프롤레타리아는 엄청난 무리로 불어나고 그들의 힘이 세지면서, 점점 더 그 힘을 느끼게 된다. 프롤레타리아 계급 내의 이해관계, 생활 상태는 점점 더 균등해진다. 동시에 기계화는 노동의 차이를 점점 더 흐릿하게 만들고, 임금은 거의 모든 곳에서 똑같이 낮은 수준으로 떨어진다. 부르주아 간의 경쟁은 증대되고, 그로 인한 상업의 위기는 노동자의 임금을 점점 더 불안하게 만든다. 점점 더 빠르게 발전하는 기계의 끝없는 개선으로, 노동자의 삶의 상황 전체가 점점 더 불안정해진다. 개개 노동자들과 개개 부르주아 간에 충돌이 증가하면서, 두 계급 간의 충돌이라는 성격을 띠게 된다. 노동자들은 부르주아에 대항하는 동맹을 맺기 시작한다. 그들은 그들의 임금을 주장하고 유지하기 위해 함께 나선다. 그들은 때때로 일어나는 봉기를 준비하기 위해 연맹을 세운다. 여기저기서 투쟁은 폭동으로 분출된다.

때로는 노동자들이 승리하기도 하나, 그것은 일시적인 것이다. 그들의 투쟁의 실질적인 결과는 직접적인 성공이 아니라 점점 더 퍼져나가는 노동자들의 결속이다. 이러한 결속은 대규모 산업이 민들어내고 다양한 지역의 노동자들을 서로 연결해주는 의사소통 수단의 증가를 통해 촉진된다. 도처에서 일어나는 비슷한 성격의 수많은 지역적인 투쟁을 국가적인 계급투쟁으로 집중시키기 위해서 필요한 것은 바로 이러한 연계이다. 그런데 모든 계급투쟁은 정치적인 투쟁이다. 중세시대에 시민들이 수 세기에 걸려 작은 샛길을 통해 만들어낸 동맹을 근대의 노동자들은 철도를 통해 단 몇 년 안에 이루어낸다.

프롤레타리아를 계급으로 만들고, 그렇게 해서 정치적인 정당으로 만드는 조직은 언제든지 노동자들 간의 경쟁으로 다시 공중분해 될 수 있다. 그러나 그것은 다시, 더 강하고 더 단단하고 더 강력하게 일어선다. 조직은 부르주아 간의 분열을 이용해서 노동자 계급의 특수한 이해관계를 인정하고 그것이 법의 형태가 되도록 압력을 가한다. 영국의 10시간 노동법이 바로 그것이다.

낡은 사회의 계급들 간의 충돌은 프롤레타리아의 발전 과정을 다양하게 촉진시킨다. 부르주아는 지속적인 투쟁 속에 있다. 처음에는 귀족과, 나중에는 자신의 이해관계가 산업발전과 모순에 부딪치게 되는 일부 부르주아와도 투쟁하고, 외국의 모든 부르주아와는 지속적으로 투쟁한다. 이 모든 투쟁에서 그들은 프롤레타리아에게 호소하게 되고, 프롤레타리아의 도움을 요청해야 하고, 그렇게 프롤레타리아를 정치 운동으로 끌어들여야만 한다는 것을 알게 된다. 따라서 부르주아들은 자신들의 고유한 교양[11]의 요소들, 즉 자신을 향하는 무기를 프롤레타리아에게 넘겨준다.

더 나아가 이미 우리가 보았듯이, 지배 계급의 모든 구성원은 산업 발전을 통해 프롤레타리아로 떨어지거나, 그렇지 않다면 적어도 생존 조건이 위협받게 된다. 이들도 프롤레타리아에게 수많은 교양의 요소들[12]을 제공한다.

마침내 계급투쟁에 결정의 순간이 다가오는 시기에는 지배 계층 내에서, 낡은 사회 전체 내에서 일어나는 해체 과정이 매우 과격하고 과장된 성질을 띠게 되고, 지배 계급에서 작은 한 부분이 떨어져 나와 혁명적인 계급과 결속하게 된다. 미래는 혁명적인 계급의 손에 놓이게 된다. 따라서 이전에 귀족 일부가 부르주

---

11 1888년에 "정치적이고 일반적인"을 추가.

12 1888년에 "계몽과 전진의 요소들"로 수정됨.

아로 넘어간 것처럼, 이제는 부르주아에서 일부가 프롤레타리아로 건너가게 된다. 역사적인 운동 전체를 이론적인 이해로 끌어올리기 위해 노력했던 부르주아 이데올로기 주창자들 중 일부가 바로 그들이다.

오늘날 부르주아와 대립하는 모든 계급 중에서 프롤레타리아만이 진정한 혁명적 계급이다. 다른 계급들은 쇠퇴하거나 대규모 산업의 등장과 함께 몰락하고 있다. 프롤레타리아만이 대규모 산업의 고유한 산물이다.

중간계급 즉, 소산업가, 소상인, 수공업자, 농민은 모두 중간계급으로서 자신들의 존재를 지켜내기 위해 부르주아와 투쟁한다. 그러니까 그들은 혁명적이지 않으며 보수적이다. 나아가 그들은 반동주의자들이다. 역사의 바퀴를 거꾸로 돌리려 하기 때문이다. 그들이 혁명적이라면 그것은 그들이 조만간 프롤레타리아로 넘어갈 것이라는 측면에서 그렇고, 자신들의 현재의 이해관계가 아니라 미래의 이해관계를 옹호하고, 프롤레타리아의 편에 서기 위해 그들의 고유한 입장을 버린다는 측면에서 혁명적이다.

낡은 사회의 가장 밑바닥에 있는 수동적인 부패물인 룸펜프롤레타리아[13]는 프롤레타리아 혁명에 의해 곳곳에서 운동에 휘말리게 되는데, 그들의 전반적인 삶의 상황으로 보아, 반동적인 책

---

13 사회의 도움 없이는 스스로 생계를 유지할 수 없는 자본주의의 최하층 빈민.

동에 기꺼이 매수되는 쪽이 될 것이다.

낡은 사회의 생활 조건은 프롤레타리아의 생활 조건 속에서는 이미 파괴되었다. 프롤레타리아는 사유재산이 없고, 아내와 아이들과의 관계는 부르주아 가족의 관계와는 아무런 공통점이 없다. 영국에서처럼 프랑스, 미국, 독일에서도 근대의 산업노동, 즉 근대적인 자본에의 종속은 프롤레타리아에게서 모든 민족적인 성격을 없애버렸다. 법률, 도덕, 종교는 프롤레타리아에게 있어 부르주아의 수많은 이해관계를 숨기고 있는 부르주아의 편견들이다.

권력을 장악한 이전의 모든 계급들은 사회 전체를 그들의 전유 조건들 아래에 두고 지배하면서 자신들이 이미 획득한 사회적 지위를 강화하기 위해 노력했다. 프롤레타리아는 지금까지 그들의 전유 방식과 함께 기존의 모든 전유 방식을 같이 폐기해야 비로소 사회적인 생산력을 장악할 수 있다. 프롤레타리아는 그들의 것 중 지킬 것이 아무것도 없고, 지금까지의 사적인 안정과 사적인 보장을 모두 파괴해야 한다.

지금까지의 모든 운동은 소수의 운동 또는 소수의 이해관계에 의한 운동이었다. 프롤레타리아 운동은 거대 다수의 이해관계를 위한, 거대 다수의 주체적인 운동이다. 현재 사회 최하층인 프롤레타리아는, 공적인 사회를 구성하는 계층의 상부구조물 전체를 폭파시키지 않고서는 스스로 일어설 수도 없고, 똑바로 설 수도 없다.

비록 내용상은 아니지만, 형식상으로 부르주아에 대항하는 프롤레타리아의 투쟁은 우선 국가 내의 투쟁이다. 각 나라의 프롤레타리아는 물론 무엇보다 그 나라의 부르주아를 끝장내야 한다.

프롤레타리아의 가장 일반적인 발전단계를 설명하는 동안 우리는 공개적인 혁명으로 분출되는 지점까지, 그리고 무력에 의해 부르주아 계급이 무너지고 프롤레타리아가 지배권을 다지는 지점까지 다소간 기존 사회 내에서 드러나지 않는 부르주아 전쟁을 추적했다.

지금까지의 모든 사회는, 우리가 이미 보았던 것처럼, 지배 계급과 피지배 계급의 대립에 기초해왔다. 그러나 한 계급을 억누르기 위해서는 피지배 계급에 노예와 같은 존재로 연명할 수 있는 최소한의 조건이 확보되어야 한다. 농노는 농노제 내에서 코뮌의 구성원이 되었고, 이는 소시민이 봉건적인 절대 왕정의 억압하에서 부르주아로 발전해간 것과 같다. 근대의 노동자들은 반대로, 스스로 산업의 진보와 함께 일어서는 대신 점점 더 깊숙이 자기 계급의 생존 조건 아래로 가라앉는다. 따라서 노동자들은 극빈자가 되고, 사회적 빈곤은 인구나 부유함보다 더 빨리 발전한다.

이로써 부르주아는 사회의 지배 계급으로 남아있을 수도 없고, 부르주아 계급의 생활 조건을 사회를 규정하는 법으로 강요할 능력도 없다는 것이 분명해진다. 부르주아는 그들의 노예에게 노예제 내에서 그들의 생존을 보장해줄 능력이 없기 때문에 부르주아는 통치할 능력이 없는 것이다. 왜냐하면 부르주아는 노예에 의해 부양을 받는 대신, 그들을 자신이 먹여 살려야 할 그 상황으로 떨어지도록 했기 때문이다. 사회는 더 이상 부르주아의 지배 아래에서 살아갈 수 없다. 즉, 부르주아의 삶은 사회와 더 이상 조화를 이루지 못한다.

부르주아 계급의 존재와 지배를 위한 본질적인 조건은 부를 개인의 손에 축적하는 것, 자본의 형성과 증식이다. 자본의 조건은 임금노동이다. 임금노동은 오로지 노동자들 간의 경쟁에 기초한다. 부르주아가 의지도 없고 저항도 하지 않으면서 이끄는 산업 발전으로 인해서 경쟁을 통한 노동자들의 고립상태 대신에 연합을 통한 혁명적인 노동자 동맹이 들어서게 된다. 대규모 산업의 발전과 더불어, 말하자면 부르주아는 그들 발밑에 있던 토대, 즉 그 위에서 그들이 생산하고, 그 생산품을 소유하도록 했던 토대를 빼앗긴다. 부르주아가 생산하는 것은 무엇보다 그들 자신의 무덤을 파는 사람이다. 부르주아의 몰락과 프롤레타리아의 승리는 공히 불가피하다.

II. 프롤레타리아와 공산주의자들

공산주의자들은 대체 프롤레타리아와 어떤 관계에 있는가?

공산주의자들은 다른 노동자 정당과 대립하는 특수한 정당이 아니다.

그들은 프롤레타리아 전체의 이해관계와 분리되는 어떠한 이해관계도 갖고 있지 않다.

그들은 프롤레타리아 운동의 형태를 만들기 위한 어떠한 특정 원칙도 제시하지 않는다.

공산주의자들이 다른 프롤레타리아 정당과 구분되는 것은 오로지 이것뿐이다. 즉, 그들은 다양한 국가의 프롤레타리아 투쟁에서, 국적과 상관없이 프롤레타리아 전체의 공통된 이해관계를 부각하고 관철하고, 다른 한편으로는 프롤레타리아와 부르주아 간의 투쟁이 거치는 다양한 발전 단계에서 항상 전체 운동의 이해관계를 대변한다는 점이다.

공산주의자들은 실천적으로는 모든 나라의 노동자 정당 중 가장 선진적이고 단호한 집단이다. 그들은 이론적으로도 프롤레타리아 운동의 조건들, 진행, 일반적인 결과를 통찰한다는 점에서 다수의 프롤레타리아보다 우위에 있다.

공산주의자들의 당면한 목적은 다른 모든 프롤레타리아 정당과 같다. 즉, 프롤레타리아를 하나의 계급으로 형성하여, 부르주아 계급을 무너뜨리고, 프롤레타리아가 정치적인 권력을 획득하는 것이다. 공산주의자들의 이론적인 명제는 결코 이런저런 세계개혁가에 의해 고안되거나 발견된 이념, 원칙에 기초하고 있지 않다.

공산주의자들의 명제는 현존하는 계급투쟁, 우리 눈앞에서 일어나는 역사적인 운동의 실제 상황에 대한 일반적인 표현일 뿐이다. 기존의 소유관계 철폐는 전혀 공산주의가 가진 고유한 특징이 아니다.

모든 소유관계는 영속적인 역사의 변혁, 영속적인 역사의 변화에 종속되어왔다.

예를 들어 프랑스 혁명은 부르주아적 소유를 위해 봉건적 소유를 철폐시켰다.

공산주의의 특징은 소유 자체의 철폐가 아니라, 부르주아적 소유를 철폐하는 것이다. 그러나 근대 부르주아적 사유재산은 생산물의 생산과 전유에 관한 최종적이고도 가장 완벽한 표현으로, 이때 사유재산은 계급 간의 대립, 한 계급에 의한 다른 계급의 수탈에 근거한다.

이런 의미에서 공산주의자들은 그들의 이론을 단 한 문장으로 압축해서 보여줄 수 있다: 사유재산의 철폐.

사람들은, 우리 공산주의자들에게, 개인적으로 획득하고 스스로 노동으로 취한 재산을 철폐하려 한다고 비난했다. 모든 개인적인 자유, 활동, 자주성의 토대를 형성하는 그 재산 말이다.

노동으로 취득하고 스스로 벌어들인 재산이라! 너희는 부르주아적 소유에 선행한 소시민적, 소농적 소유에 대해 말하는가? 우리는 그것을 철폐할 필요가 없다. 산업의 발전이 그것을 철폐했고, 매일 철폐하고 있기 때문이다.

아니면 너희는 근대 부르주아의 사유재산에 대해 말하는가?

임금노동, 프롤레타리아의 노동이 프롤레타리아에게 재산을 만들어주는가? 전혀 아니다. 임금노동은 자본, 즉 임금노동을 착취하는 재산을 창출하는데, 이 자본은 착취의 조건 아래에서만 증식될 수 있기에 새로이 착취하기 위해서는 새로운 임금노동을 만들어낸다. 오늘날의 재산 형태는 자본과 임금노동의 대립 속에서 움직인다. 이 대립을 양쪽 측면에서 살펴보자.

자본가가 된다는 것은 순수하게 개인적인 지위일 뿐만 아니라 생산에서 사회적인 지위를 갖는 것을 의미한다. 자본은 사회 공동체적인 산물이며, 수많은 사회 구성원의 공동 활동을 통해, 결국은 모든 사회 구성원들의 공동 활동을 통해서만 움직여질 수 있다.

자본은 그러니까 개인의 권력이 아니라, 사회적인 권력이다.

따라서 자본이 사회공동체의 소유, 모든 사회 구성원들의 소유로 변한다고 해서, 개인의 재산이 사회적인 소유로 변하는 것은 아니다. 변하는 것은 오로지 소유권의 사회적인 성격이다. 소유권은 계급적 성격을 상실하게 된다.

임금노동을 살펴보자.

임금노동의 평균 가격은 노동임금의 최소치, 즉 노동자들이 생계를 유지하는 데 필수적인 생계 수단의 총합이다. 따라서 임금노동자가 자신의 활동을 통해 소유하게 되는 것은 단지 자신의 헐벗은 삶을 재생산하는 데 겨우 족할 정도이다. 우리는 이렇게 개인이 직접적 삶의 재생산을 위해 노동의 산물을 전유하는 것을 철폐하려는 것이 아니다. 이런 소유는 타인의 노동을 부릴 수 있는 힘을 부여할 수 있는 순이익을 전혀 남기지 않는다. 우리는 노동자들이 단지 자본의 증식을 위해 살아가고 지배계급의 이익을 증가시키는 만큼만 살아가는 그러한 전유방식의 비참한 특성을 지양하고자 할 따름이다.

부르주아 사회에서 생명력을 가진 노동은 축적된 노동을 더 증대시키기 위한 수단일 뿐이다. 공산주의 사회에서 축적된 노동은 노동자들의 삶의 과정을 확장하고, 풍족하게 하고 진흥하기 위한 수단일 뿐이다.

그러니까 부르주아 사회에서는 과거가 현재를 지배하고, 공산주의 사회에서는 현재가 과거를 지배한다. 부르주아 사회에서 자본은 독립적이고 개별적이다. 반면 활동하는 개인은 비독립적이고, 비개별적이다.

이러한 관계들의 철폐를 부르주아는 개인성과 자유의 철폐라고 칭한다! 그것은 정당하다. 여하간 부르주아의 개인성과 부르주아의 자립성, 부르주아의 자유를 폐지하는 것이 관건이기 때문이다.

지금과 같은 부르주아의 생산 관계에서 자유란 자유로운 상거래, 자유로운 매도와 매수로 이해된다.

그러나 폭리를 취하는 상거래가 없어지게 되면, 자유로운 상거래도 근절된다. 자유로운 상거래에 대한 이런 상투어들은 우리의 부르주아가 부리는 자유에 관한 다른 모든 허세와 마찬가지로, 제한된 상거래나 중세의 예속된 시민을 향한다면 의미가 있을 것이나, 상거래의 공산주의적 철폐나 부르주아적 생산관계와 부르주아 자체의 공산주의적 철폐를 말한다면 아무런 의미가 없다.

당신들은 우리가 사유재산을 철폐하려 한다는 것에 대해 경악한다. 그러나 지금 당신들의 사회에서 사유재산은 인구의 10분의 9에서 이미 철폐되었고, 그들의 사유재산이 존재하지 않기 때문에 아직 사유재산이란 것이 존재하는 것이다. 당신들은 우리가 사유재산을 철폐하려 한다고 비난하는데, 그 사유재산은 사회의 엄청난 대다수가 재산을 갖고 있지 않다는 것을 전제로 한다.

한마디로 말해 당신들은 우리가 당신들의 재산을 폐지하려 한다고, 우리를 비난한다. 물론, 우리는 그것을 하려한다.

노동이 더 이상 자본, 화폐, 지대, 간단히 말해 독점할 수 있는 사회적 권력으로 변형될 수 없는 순간에, 즉 개인의 소유가 더 이상 부르주아의 소유로 바뀔 수 없는 순간, 그 순간부터 당신들은 개인이 제거되었다고 선언한다.

당신들은 그러니까 그 개인이라는 것을 다른 어느 누구도 아닌 부르주아, 부르주아의 소유자로 이해한다. 그렇다면 이런 개인은 여하간 제거되어야 한다.

공산주의는 어느 누구에게서도 사회적 생산물을 전유하는 힘을 빼앗지 않는다. 공산주의는 전유를 통해 타인의 노동을 자신에게 예속시키는 힘을 빼앗을 뿐이다.

사람들은 사유재산의 폐지와 더불어 모든 활동이 중단되고, 전반적인 태만이 엄습할 것이라고 항의하여 왔다.

이 말에 따르면 부르주아 사회는 오래전에 게으름으로 망했어야만 한다. 왜냐하면 그 사회에서 일하는 사람들은 돈을 벌지 않고 그 안에서 돈을 버는 사람들은 일하지 않기 때문이다. 이런 생각 전체는, 자본이 없어지면 곧 임금노동도 없어진다는 동의어 반복에 도달하게 된다. 마찬가지로 물질적인 생산물을 생산하고 소유하는 공산주의적 방식에 대한 모든 반박들은 정신적 생산물을 생산하고 소유하는 공산주의적 방식에까지 확장되었다. 부르주아에게 계급적 재산의 종식이 생산 자체의 종말인 것처럼, 부르주아에게 계급 교양의 종식은 교양 자체의 종식과 같은 것이다.

부르주아가 사라져 간다고 안타까워하는 그 교양이란 대다수의 사람들을 기계로 길러내는 것이다.

그러나 부르주아적 소유의 철폐를 자유, 교양, 권리 등등의 부르주아적 관념의 잣대를 들이대면서 우리와 논쟁하지 말라. 당신들의 그 관념 자체가 부르주아적 생산과 소유관계의 산물들이며, 마찬가지로 당신들의 권리는 당신들 계급의 의지가 법으로 고양된 것일 뿐이다. 그 의지의 내용은 당신들 계급의 물질적인 삶의 조건 속에서 주어진 것이다.

당신들은 당신들의 생산양식과 소유관계를 일시적으로 진행하는 역사적인 생산관계에서 영원한 자연법칙과 이성의 법칙으로 변형시키는, 이해관계에 따르는 의견을 가졌다는 점에서 앞서 간 모든 지배 계급과 동일하다. 당신들이 고대의 소유에 대해 파악하는 것, 봉건제 소유에 대해 이해하는 것, 그것으로 부르주아의 소유를 파악하려 하지 말라.

가족의 폐지! 매우 급진적인 사람들조차도 공산주의자들의 이러한 비열한 계획에 대해 열을 낸다.

현재의 부르주아 가족은 어디에 기초하고 있는가? 자본, 사유재산 위에 기초한다. 완전하게 발전한 형태로 존재하는 가족은 부르주아뿐이다. 그러나 부르주아적 가족은 프롤레타리아가 강요받는 가족이 없는 상황과 공적 매매춘으로 보충되기 때문에 가능하다.

이런 보충이 없어지면 부르주아적 가족도 당연히 함께 없어지며, 양자는 자본의 소멸과 함께 사라진다.

당신들은 아이들이 그 부모에 의해 착취당하는 것을 없애려 한다고 우리를 비난하는가? 우리는 이런 범죄에 대해서 인정한다.

그런데 우리가 가정교육을 사회교육으로 대체함으로써, 가장 신뢰할 수 있는 관계를 없앤다고 당신들은 말한다.

그런데 당신들의 교육도 사회에 의해 규정되지 않는가? 당신들을 길러낸 사회적인 상황에 의해서, 학교 등등을 매개로 한 직간접적인 사회의 개입에 의해서 말이다.

공산주의자들은 교육에 미치는 사회의 영향력을 고안해 내지는 않는다. 그들은 단지 그 성격을 변화시킬 뿐이다. 그들은 지배 계급의 영향력으로부터 교육을 떼어낸다.

대규모 산업에 의해 프롤레타리아의 모든 가족 간의 유대가 끊어지고 아이들이 단순히 거래 물품, 노동의 도구로 변할수록, 가족과 교육, 부모와 자식 간의 친밀한 관계에 대한 부르주아의 상투어는 점점 더 역겨워진다.

그런데 모든 부르주아들이 너희 공산주의자들은 여성 공유제[14]를 도입하려 한다고 우리를 향해 한목소리로 외친다.

부르주아는 자신의 아내를 단순한 생산 수단으로 본다. 부르주아는 생산 도구들이 공동으로 사용된다는 것을 듣고, 공동적인 성격이라는 운명이 당연히 아내에게도 닥칠 것으로 생각한다.

부르주아는 단순한 생산 도구에 그치는 아내의 지위를 폐지하는 것이 중요하다는 것을 알지 못한다.

게다가 소위 말하는 공산주의자들의 공적인 여성 공유제에 대한 우리의 부르주아가 가진 높은 수준의 도덕적 경악은 참으로 우스꽝스럽다. 공산주의자들은 여성 공유제를 도입할 필요가 없다. 그것은 항상 존재해왔다.

공적인 매매춘은 차치하고서라도, 우리의 부르주아는 프롤레타리아의 아내와 딸들이 제공되는 것에 족하지 않고, 서로 그들의 아내를 유혹하는 데서 주된 쾌락을 찾는다.

부르주아의 결혼제도는 실제로는 아내들의 공유 체제이다. 공산주의자들을 비난한다면, 이는 공산주의자들이 기껏해야 치졸하게 숨겨진 것의 자리에 공적이고 솔직한 여성 공유제를 도입하려 한다고 비난해야 할 것이다. 하여간, 지금의 생산관계의 폐지와 함께 그것에서 생겨난 여성 공유제, 즉 공식적인 매매춘과

---

14 여성을 남자 형제나 다른 남자들이 공동으로 소유하던 고대의 관습.

비공식적인 매매춘도 사라지는 것은 당연하다.

공산주의자들은 그 외에도 조국, 민족성을 폐기하려 한다고 비난받았다.

노동자들에게 조국은 없다. 그들에게서 갖고 있지 않은 것을 빼앗을 수 없다. 우선 프롤레타리아가 정치적인 권력을 획득하고, 국가적인 계급[15]으로 부상하고, 스스로 국가를 구성해야 하는 한, 그들은 국가적이다. 이는 물론 부르주아 계급이 생각하는 의미의 국가는 아니다.

민족들 간의 국가적인 분리와 대립은 이미 부르주아의 발전과 상업의 자유, 세계 시장, 산업 생산양식의 획일화와 그에 따른 생활 조건의 획일화와 더불어 점점 더 사라져간다.

프롤레타리아의 지배는 이들을 많이 사라지게 할 것이다. 적어도 문명화된 나라들의 단결된 행동이 프롤레타리아 해방의 첫 번째 조건이다.

한 개인이 다른 개인을 착취하는 것이 없어지는 그만큼, 다른 국가에 의한 한 국가의 착취도 철폐된다. 국가 내부의 계급 간의 대립과 더불어 국가들 간의 적대적 관계도 없어진다.

공산주의에 대한 비난, 즉 종교적, 철학적, 이데올로기적인 관점에서 제기되는 비난은 더 자세한 논의를 할 가치가 없다.

---

15   1888년 국가를 선도하는 계급으로 수정됨.

인간의 삶의 상황, 인간의 사회적 관계, 그리고 인간의 사회적 존재와 더불어 인간의 생각, 관념과 개념, 한마디로 인간의 의식도 변한다는 것을 이해하기 위해 심오한 통찰이 필요한가?

이념의 역사가 입증하는 것은 물질적인 생산의 변화와 함께 정신적인 산물이 변한다는 것 말고 무엇이 있는가? 한 시대의 지배적인 사상은 항상 지배 계급의 사상이었다.

사람들은 사회 전체를 혁명하는 사상들에 관해 이야기한다. 이는 낡은 사회 내에 새로운 사회의 요소들이 만들어졌다는 사실과, 낡은 삶의 상황이 무너지는 것에 보조를 맞추어 낡은 사상도 같은 속도로 무너진다는 사실을 말하는 것일 뿐이다.

고대 사회가 무너지기 시작했을 때, 고대 종교는 기독교에 패했다. 18세기에 기독교 사상이 계몽주의 사상에 굴복했을 때, 봉건주의 사회는 당시 혁명적인 부르주아와 생사를 건 싸움을 했다. 양심과 종교의 자유라는 이념은 지식 영역에서의 자유로운 경쟁의 지배권을 표현하는 데 불과했다.

사람들은 말할 것이다. "그런데 종교, 도덕, 철학, 정치, 법률적인 이념 등등은 하여간 역사적 발전 과정에서 변형된다. 그러나 종교, 도덕, 철학, 정치, 법률은 지속적으로 이러한 변화 속에서 살아남는다. 게다가 모든 사회적인 상황에서 공통적인 자유, 정의 등과 같은 영원한 진실이 있다. 그러나 공산주의는 새롭게 형성하는 대신, 영원한 진실들을 폐지하고, 종교를 폐지하고 도덕을 없앤다. 공산주의는 지금까지의 모든 역사적인 발전을 반박한다."라고.

이런 비난은 어디로 환원되는가? 지금까지의 모든 사회의 역사는 계급의 대립 속에서 움직여왔다. 이 대립은 다양한 시대에 다양한 형태로 나타났다. 그러나 그것이 어떤 형태였던 간에, 사회의 한 부분이 다른 부분에 의해 착취당하는 것이 모든 지난 세기들에 공통된 사실이다. 따라서 모든 다양성과 차이에도 불구하고, 모든 세기의 사회적인 의식은 분명 공통된 형태들 속에서 움직인다는 것은 놀라운 일이 아니다. 그러한 의식의 형태는 계급 간 대립이 완전히 사라져야 완벽하게 해체될 수 있다.

공산주의 혁명은 전승되어 온 소유관계와 가장 극단적으로 단절한다. 그렇기에 그 발전 과정에서 전승된 사상과 가장 극단적으로 관계를 끊는다는 것은 놀라운 일이 아니다.

그러나 공산주의에 대한 부르주아의 반박은 그냥 내버려 두자.

우리는 이미 위에서 노동자 혁명의 첫걸음이 프롤레타리아를 지배 계급으로 일으켜 세우는 것임을, 민주주의를 쟁취하는 것임을 보았다.

프롤레타리아는 부르주아로부터 모든 자본을 차근차근 몰수하고, 모든 생산 수단을 국가의 손에, 다시 말해 지배 계급으로 조직화된 프롤레타리아의 손에 집중시키고 생산력의 양을 가능한

한 빨리 증대시키는 데 자신의 정치적 권력을 사용하게 될 것이다.

물론 이것은 우선 소유권과 부르주아의 생산관계에 독단적으로 개입함으로써만 달성될 수 있다. 그러니까 경제적으로 불충분하고 지속적이지 않을 것으로 보이겠지만, 운동의 진행 과정 속에서 그 자체를 넘어서서 전체 생산 방식의 전복을 위한 수단으로 불가피한 조치들을 취함으로써 달성될 수 있다.

이러한 조치들은 물론 나라마다 다양할 것이다.

진보된 나라들을 위해서는 그러나 다음과 같은 조치들이 꽤 일반적으로 사용될 수 있다.

1. 토지 소유의 강제 수용과 지대를 국가 재정으로 사용하는 것

2. 강력한 누진세

3. 토지 세습의 폐지

4. 모든 망명자들과 반역자들의 사유재산 몰수

5. 국가의 자본과 배타적인 독점권을 가진 국책은행을 통해 신용을 국가의 손에 집중시킴

6. 운송 수단의 국가의 손에 집중화

7. 국영 공장과 생산 도구의 증대, 공동 계획에 따른 모든 토지의 개간과 개량

8. 모두에게 동일한 노동 강제, 특히 농경을 위한 산업 군대의 창설

9. 농경과 산업 경영 통합, 점진적으로 도농 간의 차이를 제거하는 데

영향을 준다.

10. 모든 아동들의 무상 공교육. 오늘날과 같은 형태의 아동 공장노동 폐지. 교육을 물질적인 생산 등과 결합시킨다.

발전 과정에서 계급의 차이가 사라지고, 모든 생산이 연합한 개인들의 손에 집중되면, 공권력은 정치적인 성격을 상실하게 될 것이다. 정치적인 폭력은 원래의 의미에서는 어느 한 계급의 조직화된 폭력이 다른 계급을 억압하기 위한 것이다. 프롤레타리아가 부르주아와의 투쟁 과정에서 필요에 의해 계급으로 뭉치고, 혁명을 통해 지배 계급이 되고, 또한 지배 계급으로서의 힘으로 낡은 생산관계들을 제거한다면, 이렇게 프롤레타리아는 이런 생산관계들과 계급 대립의 존재 조건, 계급 자체를 제거하고, 계급으로서 자신의 지배 권력도 제거할 것이다.

계급과 계급의 대립이 존재하는 낡은 부르주아 사회의 자리에, 각 개인의 자유로운 발전이 모두의 자유로운 발전이 되는 동맹이 들어선다.

III. 사회주의, 공산주의 문헌

1. 반동적 사회주의

a] 봉건적 사회주의

프랑스와 영국의 귀족들은 그들의 역사적인 지위 때문에 근대 시민사회에 대한 반박문을 쓰라는 소명을 받았다. 귀족들은 1830년 프랑스의 7월 혁명, 영국의 개혁운동에서 또다시 가증스러운 벼락부자들에 패했다. 심각한 정치적 투쟁은 더 이상 언급할 수도 없었다. 그들에게 남은 것은 글을 통한 투쟁뿐이었다. 글의 영역에서도 왕정복고 시기의 상투어는 불가능해졌다.

귀족들은 동정을 불러일으키기 위해 겉으로는 자신들의 이해관계는 안중에 없다는 듯이 착취당하는 노동자 계급의 이해관계에 서서 부르주아에 대한 고발장을 써야만 했다. 그래서 귀족들은 새로운 지배자들을 비방하는 노래를 부르고, 다소 험악한 예언을 지배자의 귀에 속삭이는 보상책을 준비했다.

이렇게 봉건제적인 사회주의가 생겨났다. 절반은 비가이며,

절반은 비방이요, 절반은 과거의 메아리이고, 절반은 미래의 위협이었으며, 때로는 재기발랄하고 예리하고 통렬한 판단으로 부르주아의 심장을 겨냥하지만, 근대 역사를 이해하는 데 있어서는 완전히 무능해서 항상 우스꽝스러운 효과를 냈다.

귀족들은 민중들이 그들 뒤에 모여들도록 프롤레타리아에게 주는 동냥 자루를 손에 쥐고 깃발처럼 흔들어 댔다. 그러나 민중들이 귀족들의 뒤를 따를 때마다, 곧 그들의 엉덩이에서 낡은 봉건제의 문장을 보게 되었고, 민중들은 큰소리로 불손하게 웃으며 흩어져버렸다.

프랑스 정통왕조파의 일부와 "청년영국당"이 이런 볼거리를 가장 잘 보여주었다.

봉건주의자들이 자신의 착취방식이 부르주아의 착취방식과 다른 방식이라는 사실을 주장한다면, 이는 그들이 살아남아 지금과는 전혀 다른 상황과 조건하에서 착취했었다는 점을 잊고 있는 것이다. 그들의 지배하에서는 근대 프롤레타리아가 존재하지 않았음을 입증한다면, 그것은 근대 부르주아가 그들의 사회 질서에서 불가피하게 태어난 자식이라는 사실을 잊고 있는 것이다.

게다가 봉건주의자들은 별로 그들이 하는 비판의 반동적인 성격을 감추지 않는다. 그들이 부르주아를 향해 제기하는 비판의 주요 내용으로, 봉건주의자들의 지배하에서 낡은 사회 질서 전체를 공중 분해시킬 계급이 발전하고 있다는 주장이 그것이다.

봉건주의자들은 부르주아가 프롤레타리아를 낳는다고 비난하기보다, 혁명적인 프롤레타리아를 양산한다고 맹비난한다.

따라서 그들은 정치적인 실천에 있어서는 노동자 계급을 향한 모든 폭력적인 조치에 가담하고, 평소 생활에서는 그들의 우쭐대는 화법을 깡그리 무시하고 순순히 산업의 나무에서 황금 사과를 주워 모으고, 신뢰와 사랑, 명예를 양모, 사탕무, 화주와의 거래에서 맞바꾼다.

성직자가 항상 봉건귀족과 손을 맞잡고 간 것처럼, 성직자 사회주의는 봉건제 사회주의와 함께한다.

기독교적인 금욕에 사회주의적인 톤을 가미하는 것보다 더 쉬운 것은 없다. 기독교도 열을 내며 사유재산, 결혼제도, 국가를 반대하지 않았던가? 기독교는 그것들 대신 자선과 탁발, 육체적 순결과 육체적 금욕, 수도원 생활과 교회에 대해 설교하지 않았던가? 기독교적 사회주의는 성직자들이 귀족들의 분노를 축성하는 성수에 불과하다.

b] 소시민적 사회주의

부르주아에 의해 무너지고, 근대 시민사회에서 그 삶의 조건이 쪼그라지고 없어진 유일한 계급이 봉건 귀족만은 아니다. 중세의 성밖 시민과 소농 계급은 근대 부르주아의 전신이다. 산업과 상업이 덜 발달한 몇몇 나라들에서 이 두 계급은 부상하는 부르주아 옆에서 아직은 근근이 살아나가고 있다.

근대 문명이 충분히 발전한 나라들에서 새로운 소시민이 형성되었는데, 이들은 프롤레타리아와 부르주아 사이를 떠다니며, 시민사회를 보완하는 부분으로서 지속적으로 새롭게 형성되고 있다. 소시민 계급의 구성원들은 경쟁으로 인해 끊임없이 프롤레타리아로 떨어지고, 대규모 산업의 발전과 함께 근대사회에서 자립적인 부분으로서의 자기들이 완전히 사라지고, 상업, 제조업, 농업에서 노동 감시관, 하인으로 대체되는 시점이 다가오고 있음을 본다.

농민이 국민의 절반 이상을 구성하는 프랑스와 같은 나라들에서는 물론 프롤레타리아를 위해 부르주아에 대항하는 문필가들이 부르주아 정부를 비판하면서 소시민과 소농민의 잣대를 갖다 대고, 소시민의 입장에서 노동자 편을 드는 것이 당연했다. 그렇게 소시민적인 사회주의가 형성되었다. 시스몽디Sismondi는 비단 프랑스뿐만 아니라 영국에서도 이런 문헌의 우두머리이다.

소시민적 사회주의는 근대적인 생산관계 내의 모순들을 매우 날카롭게 세분화했다. 경제학자들의 위선적인 미사여구도 폭로했다. 또한 기계화의 파괴적인 효과, 분업, 자본과 토지 소유의 집중, 과잉 생산, 공황, 소시민과 소농민의 필연적인 몰락, 프롤레타리아의 비참함, 생산의 무정부 상태, 부의 분배에 있어서 극심한 불균형, 국가 간 산업 섬멸전, 낡은 관습과 낡은 가족관계 그리고 낡은 민족성의 해체를 이론의 여지가 없도록 증명했다.

소시민적 사회주의는 그 긍정적인 내용에 따르면, 낡은 생산과 교환수단을 재건하고 그것과 함께 낡은 소유관계, 낡은 사회를 재건하려 한다. 아니면 새로운 생산과 교환수단을 이 수단들에 의해 폭파되었고 폭파되어야 했던 오랜 사유 관계의 틀 안에 강압적으로 다시 가두려 한다. 어느 경우든 소시민적 사회주의는 반동적이며 동시에 유토피아적이다. 공장제 수공업 내의 길드 제도와 농촌의 가부장적인 관계, 그것이 이들의 마지막 말이다.

이러한 방향은 이후 발전 과정에서 숙취 뒤에 찾아오는 비겁한 후회라는 잘못된 길로 빠지게 되었다.

c] 독일 사회주의 또는 "진정한" 사회주의

지배층인 부르주아의 억압 아래에서 생겨나고 이 지배에 대항하는 투쟁이 글로 표출된, 프랑스의 사회주의와 공산주의 문헌은 부르주아가 봉건제적 절대 왕정에 대항하는 투쟁을 시작할 무렵에 독일에 들어왔다.

독일의 철학자들, 어설픈 철학자들과 문필가들은 이 문헌들을 굶주린 듯 자기 것으로 만들었는데, 프랑스에서 그 글들이 독일로 건너오는 과정에서 프랑스의 생활 조건이 함께 들어오지 않았다는 사실만은 잊어버렸다. 프랑스 문헌은 독일의 상황과 대면하면서 모든 직접적이고 실제적인 의미를 상실했고, 순수하게 문헌적인 양상을 띠게 되었다. 그것들은 인간 존재의 실현에 대한 한가로운 사변으로 보일 수밖에 없었다. 따라서 18세기 독일 철학자들에게 제1차 프랑스 혁명의 요구는 "실천 이성"이라는 관점에서 의미가 있을 뿐이었다. 또한 프랑스 부르주아의 의지의 표현은 그들의 눈에는 순수한 의지, 즉, 그래야만 하는 진정으로 인간적인 의지에 관한 법칙이었다.

결국 독일 문필가들이 한 일이라곤, 새로운 프랑스의 이념을 그들의 낡은 철학적인 양심과 조화를 이루도록 한 것, 아니면 그들의 철학적인 입장에서 프랑스의 이념을 자신의 것으로 만든 데 있었다.

이러한 습득은 낯선 것을 자신의 것으로 만드는 그런 방식, 즉 번역을 통해 이루어졌다.

수도사들이 고대 이교도 시기의 고전 작품들이 쓰인 필사본에 몰취미한 가톨릭 성인들의 이야기를 덮어쓴 것은 잘 알려져 있다. 독일의 문필가들은 세속적인 프랑스 문헌을 이와 반대로 다루었다. 그들은 프랑스의 원전 뒤에다 철학적인 헛소리를 써넣었다. 예를 들어 그들은 화폐 관계에 대한 프랑스의 비판 뒤에 "인간 존재의 소외", 프랑스의 부르주아 국가에 대한 비판에는 "추상적 일반자의 지배 철폐"라고 써넣었다.

그들은 프랑스의 발전에다 이런 철학적 상투어를 끼워 넣는 것을 "행동의 철학", "진정한 사회주의", "독일의 사회주의 학문", "사회주의에 대한 철학적 논증" 등으로 명명했다.

프랑스의 사회주의-공산주의 문헌은 이렇게 제대로 거세당했다. 그 문헌이 독일인의 손에서 한 계급이 다른 계급과의 투쟁을 표현하는 것을 중단했기 때문에, 독일인은 스스로 "프랑스의 편향성"을 극복하고, 진정한 요구들 대신에 진리의 요구들, 프롤레타리아의 이해관계 대신에 인간 존재의 이해관계를 대변했다고 인식했다. 어떤 계급에도 속하지 않는, 도대체 어떤 현실에도 속하지 않는 인간, 즉 철학적 환상의 안개가 낀 영역에 소속된 인간의 이해 말이다.

이런 독일적 사회주의는 자신의 서투른 학교 숙제를 너무나 진지하고 장엄하게 받아들여서 호객꾼처럼 나팔을 불어대었다, 그러면서 점차 자신의 좀스러운 순진무구함을 잃어갔다.

봉건귀족과 절대 왕정에 대항하는 독일, 특히 프로이센 부르주아의 투쟁, 한마디로 말해 자유주의 운동은 더 진지해졌다.

"진정한" 사회주의에는 그렇게 바라던 기회가 주어졌다, 즉 정치적 운동에 사회주의적인 요구를 대치시키고, 자유주의와 대의제 국가, 부르주아적 경쟁, 부르주아적 언론 자유, 시민법, 시민의 자유와 평등에 전통적인 파문의 판결을 날리고, 그들이 이런 부르주아적 운동에서 아무것도 얻을 수 없으며, 오히려 모든 것을 잃을 것이라고 군중 앞에서 설교할 기회가 주어진 것 말이다. 프랑스의 비판의 공허한 메아리인 독일 사회주의는, 프랑스의 비판의 전제가 그에 맞는 물질적인 삶의 조건과 정치적인 구조를 가진 근대 부르주아 사회라는 점을 제때 망각했다. 독일에서는 이러한 전제 조건들을 얻어내기 위해 우선 싸워야 하는 것이 관건이었다. 독일 사회주의는 위협적으로 부상하는 부르주아를 쫓아내는 데 필요한 허수아비가 되어 성직자와 교사, 대지주, 관료들을 거느린 독일의 절대 왕정에 봉사했다.

독일 사회주의는 가혹한 채찍질과 총알에 더해 당근을 만들고, 독일 절대주의 체제의 정부는 이것들을 가지고 독일 노동자 봉기를 다루었다.

이렇게 "진정한" 사회주의는 독일 부르주아에 맞서 싸우기 위해 정부가 손에 쥔 무기가 되었고, 반동적인 이해관계, 독일의 성밖 시민의 이해관계도 직접 대변했다. 독일에서는 16세기부터 이어져 온 그리고 그 이후로 다양한 형태로 항상 새롭게 등장하는 소시민 계급이 기존 사회상황의 고유한 토대가 되었다.

소시민이 유지되는 것은 기존 독일의 사회상황이 유지되는 것이다. 소시민 계급은 부르주아의 산업적 정치적 지배에 의한 확실한 몰락과 자본의 집중을 통한 몰락, 다른 한편으로는 혁명적인 프롤레타리아의 도래의 결과로 인한 몰락을 두려워한다. 소시민 계급에 "진정한" 사회주의는 이 두 가지를 한 번에 때려잡을 수 있는 것처럼 보인다. "진정한" 사회주의는 전염병처럼 퍼져나갔다.

사변적인 거미줄로 짜서 문학적인 언변의 꽃으로 수를 놓고, 사랑으로 숨 막히는 감상적인 이슬에 적신 가운, 감정 과잉의 가운, 그 가운으로 독일 사회주의자들은 그들의 뼈만 남은 몇 개의 "영원한 진실"을 감싸며, 그것을 듣는 청중에게서 자신들의 상품의 판매량을 증대시켰을 뿐이다.

독일의 사회주의는 점점 더 성밖 시민의 허울 좋은 대변인이라는 자신의 소명을 인식하게 되었다.

독일 사회주의는 독일국가를 정상적인 국가로 선언했고, 독일의 소시민들을 표준 인간으로 선언했다. 독일 사회주의는 소시민의 모든 비열함에, 감춰진 드높은 사회주의적인 의미를 부여하나, 그것의 속뜻은 그 반대였다. 독일 사회주의는 공산주의의 "거칠고 파괴적인" 방향에 직접적으로 반대하며, 모든 계급투쟁에 대해 비당파적인 초월성을 선포하는 것으로 최종 결론을 끌어냈다. 아주 적은 수를 제하고, 독일에서 소위 사회주의, 공산주의 글이라고 유통되는 모든 것들이 이런 지저분하고 신경을 쇠잔하게하는 문헌의 분야에 속한다.

2. 보수적, 부르주아적 사회주의

일부 부르주아는 시민사회의 지속성을 보장하기 위해 사회적인 적폐가 해소되기를 원한다.

여기에 속하는 이들은 경제학자, 박애주의자, 인문주의자, 노동자 계급의 처우를 개선하려는 자들, 자선활동 조직가, 동물 학대 반대자, 금주협회 창립자, 구석구석을 개혁하려는 다양한 종류의 개혁가들이다. 게다가 이러한 부르주아 사회주의도 완전한 시스템으로 완성되었다.

그 예로 프루동Prouhdhon의 《빈곤의 철학 Philosophie de la misère》을 인용하고자 한다. 사회주의 부르주아는 근대사회에서 필연적으로 나타나는 투쟁과 위험이 없는 삶의 조건을 원한다. 그들은 사회를 변혁하고 와해시키는 요소들이 제거된 기존 사회를 원한다. 그들은 프롤레타리아가 없는 부르주아를 원한다. 물론 부르주아는 자신들이 지배하는 세상이 최상의 세계라고 생각한다. 부르주아 사회주의는 이러한 위안이 되는 생각을 절반 정도의 시스템 또는 완전한 시스템으로 완성시킨다. 만약 부르주아 사회주의가 프롤레타리아에게 그러한 시스템을 실현하고, 새로운 예루살렘으로 곧장 들어가라고 촉구한다면, 그 바탕에는 프롤레타리아가 지금의 사회 내에서 머물라고, 현재 사회에 대해 가지는 증오에 찬 생각은 모두 버리라고 요구하는 것일 뿐이다.

부르주아 사회주의의 두 번째 형태, 덜 체계적이지만 더 실용적인 형태는, 이런저런 정치적인 변화가 아니라 물질적인 삶의 조건이나 경제적인 상황의 변화만이 그들에게 소용이 될 것이라고 입증하면서, 노동자 계급이 모든 혁명적인 운동을 싫어하게 만들려 한다. 부르주아 사회주의는 물질적인 삶의 상황의 변화를 혁명의 방법을 통해서만 가능한, 부르주아적 생산 활동의 폐기로 이해하지 않고, 생산관계의 토양에서 이루어지는 행정의 개선으로 이해한다. 그러니까 자본과 임금노동의 관계는 아무것도 변화시키지 않고, 기껏해야 부르주아의 지배 비용을 줄이고 국가 재정을 단순화시키는 것으로 이해한다.

부르주아 사회주의는 표현이 그냥 연설조의 수사가 되면서 비로소 그에 맞는 표현을 획득한다.

자유 무역! 노동자 계급의 이익을 위해서. 보호 관세! 노동자 계급의 이익을 위해서. 독방 감옥! 노동자 계급의 이익을 위해서. 이것이 부르주아 사회주의가 유일하게 진지하게 말한 마지막 말이다.

부르주아의 사회주의는 노동자계급을 위해 부르주아가 부르주아라는 주장 속에서나 성립한다.

3. 비판적-유토피아적인 사회주의 또는 공산주의

여기서 우리가 이야기하는 것은 모든 위대한 근대의 혁명 속에서 프롤레타리아의 요구를 말한 문헌은 아니다.[바뵈프 Babeuf의 글 등]

전반적인 소요의 시기에, 봉건제 사회가 전복되는 시기에 자신의 계급적인 이해관계를 직접적으로 관철시키고자 하는 프롤레타리아의 첫 시도들은 발전하지 않은 프롤레타리아의 상태 그 자체와 그 해방을 위한 물질적 조건의 결여로 인해 필연적으로 좌초되었다. 프롤레타리아 해방은 부르주아 시대가 되어서야 나타난 산물이다. 혁명적인 문헌들, 이런 프롤레타리아의 첫 운동과 함께한 문헌들은 그 내용에 있어서 반동적일 수밖에 없다. 그것은 보편적인 금욕주의와 거친 획일주의를 가르친다.

원래 사회주의, 공산주의 체계들은 생시몽St. Simon, 푸리에 Fourier, 오언Owen 등의 시스템들로, 프롤레타리아와 부르주아 간의 투쟁이 발전하지 않은 초기에 나타났다. 그 투쟁에 대해서는 위에 서술한 바 있다[부르주아와 프롤레타리아 참조].

이 시스템의 발명가들은 물론 계급 대립과 함께 지배적인 사회 속에서 와해되는 요소들의 작용 자체를 보고 있기는 하다. 그러나 그들은 프롤레타리아의 편에서 역사적인 자발성, 프롤레타리아의 고유한 정치적인 운동은 보지 않는다.

계급 간 대립은 산업 발전과 같은 속도로 발전하기 때문에, 그들은 프롤레타리아 해방을 위한 물질적 조건을 찾아내지 못하고 해방의 조건들을 만들어내기 위해 사회를 다루는 학문, 사회적인 법칙을 찾으려 한다.

사회적인 활동의 자리에 개인의 창의적인 활동이 들어서고, 해방이라는 역사적인 조건의 자리에 환상의 활동이, 점차 하나의 계급으로 일어서는 프롤레타리아 조직의 자리에 특별히 고안된 사회 조직이 들어선다. 그들에게 있어서 다가오는 세계의 역사는 사회에 대한 계획을 당파적으로 선전하고, 실질적으로 수행하는 것으로 변질된다.

그들은 자신들의 계획 속에서 가장 고통받는 계급으로서 노동자 계급의 이해관계를 주로 대변한다는 점을 의식하고는 있다. 프롤레타리아는 그들에게 가장 고통받은 계급이라는 관점에서만 존재한다.

아직 발전하지 않은 계급투쟁의 형태와 그들만의 삶의 상태는 그들이 계급 간의 대립에 관해서 초월한 곳에 있다고 생각하는 결과를 가져온다. 그들은 모든 사회 구성원들, 최상의 상태에 있는 이들의 삶의 상태도 개선하려 한다. 따라서 그들은 꾸준히 계급의 구분 없이 사회 전체를 향해, 아니 지배 계급을 향해 호소한다. 사람들이 그들의 시스템을 이해하기만 한다면, 그것을 최선의 사회의 최선의 계획으로 인정하게 되지 않겠는가.

따라서 그들은 모든 정치적인 행동, 특히 모든 혁명적인 행동에 비난을 가하고, 자신들의 목적에 평화로운 방법으로 도달하려 하며, 물론 실패할 작은 실험과 본보기의 힘을 통해 새로운 사회적 복음에 길을 터주려고 노력한다.

미래 사회에 대한 그런 환상적인 묘사는 프롤레타리아가 전혀 발전하지 않았던, 그러니까 아직 환상을 통해 자신의 위치를 파악하던 초기에, 프롤레타리아가 사회 전체의 전복을 향해 무작정 돌진 하던 시기에 나타난다.

그러나 사회주의적이고 공산주의적인 글들은 비판적인 요소 또한 포함하고 있다. 그 글들은 기존 사회의 모든 토대를 공격한다. 따라서 이것은 노동자들의 계몽을 위해 매우 값진 자료로 제공되었다. 미래 사회에 대한 적극적인 제안들, 예를 들어 도시와 농촌 간의 차별 폐지, 가족의 폐지, 사유재산과 임금노동의 폐지, 사회적 화합의 선포, 단순히 생산을 관리하는 것으로 국가를 변화시키는 것 ― 이 모든 말들은 단지 계급 간 대립의 제거를 표현할 뿐이다. 그런데 이 계급 간 대립은 지금 막 발전하기 시작했고, 이 말들은 형태가 없는 초기의 불특정성 속에서의 대립만을 알고 있을 뿐이다. 따라서 이 말들은 아직도 순수하게 유토피아적인 성격을 갖고 있다.

비판적-유토피아적 사회주의 또는 공산주의의 의미는 역사 발전에 반비례한다. 근대 계급투쟁이 발전하고 형성될수록, 계급

간 대립에 대한 환상적인 봉기와 환상적인 투쟁은 모든 실제적인 가치, 모든 이론적인 정당성을 상실한다. 따라서 이 시스템의 원작자들이 많은 관점에서 혁명적이라 하더라도, 그들을 따르는 제자들은 매번 반동적인 사이비 종파를 형성한다. 그들은 프롤레타리아의 역사적인 발전 앞에서도 굳건하게 스승의 낡은 견해들을 고수하고 있다. 그렇기 때문에 초지일관 계급 간 투쟁을 다시 무디어지게 하고, 대립을 중재하려고 애쓴다. 그들은 아직도 그들의 사회적인 유토피아, 개개 팔랑스테르Phalanstere[16]의 설립, 홈-콜로니Home-colonies[17]의 설립, 작은 이카리아Icarie[18]의 설치— 새로운 예루살렘의 축소판 —를 꿈꾸고 있으며, 이런 모든 스페인식 궁의 건축을 위해 부르주아의 심장과 돈주머니가 인류애를 발휘하도록 호소해야 한다. 그들은 점차 위에 서술한 반동적이거나 혹은 보수적인 사회주의자들의 범주로 떨어지는데, 차이점이 있다면 조금 더 체계적인 현학과 사회적인 학문의 기적에 대한 그들의 광적인 미신뿐이다.

따라서 그들은 격분하며, 새로운 복음에 대한 맹목적인 불신에서만 나올 수 있었던 노동자들의 모든 정치적인 운동에 반대하는

---

16   프랑스의 푸리에가 주장한 사회주의적 생활공동체 .

17   1817년 오언이 주장한 협동부락.

18   에티엔 카베 Étienne Cabet가 1840년 발표한 책 속에 나오는 이상향.

것이다.

영국에는 오언주의자들이, 프랑스에는 푸리에 추종자들이 그곳에서 차티스트들을, 여기에서는 개혁주의자들을 반대한다.

IV. 여러 반대당에 대한 공산주의자들의 입장

II장 이후로 공산주의자들과 이미 구성된 노동당과의 관계가 분명하게 이해된다. 즉 영국의 차티스트들, 북아메리카의 농업 개혁가[19]들과 공산주의자들의 관계이다.

공산주의자들은 바로 눈앞의 목적과 노동자 계급의 이익을 위해 싸우지만, 동시에 현재의 운동에서 운동의 미래를 대표한다. 공산주의자들은 프랑스에서 보수적이며 극단적인 부르주아에 반대해서 사회-민주주의 정당과 결속하지만, 그렇다고 해서 혁명적인 전승에서 유래하는 문구들과 환상에 대해 비판적인 태도를 취할 권리를 포기하지는 않는다.

스위스의 공산주의자들은 급진주의자들을 지지하는데, 이 정당이 모순적인 요소들, 프랑스적 의미에서 민주적 사회주의자 일부와 급진적인 부르주아 일부로 구성되어 있다는 것을 모르지 않는다.

---

19 토지 균등 분배를 주장하는 개혁자들.

폴란드인들 사이에서 공산주의자들은, 농업혁명을 민족 해방의 조건으로 내세우는 정당을 지지한다. 이들은 1846년 크라쿠프 폭동을 일으킨 바로 그 정당이다.

독일의 공산당은 부르주아가 혁명적으로 나오자마자 부르주아와 함께 절대 왕정, 봉건제적 토지 소유, 소시민에 대항해서 투쟁한다.

그러나 공산당은 한순간도 쉬지 않고, 가능한 한 분명하게 노동자들이 부르주아와 프롤레타리아 간의 적대적인 대립을 의식하도록 만든다. 이로써 독일의 노동자들은 곧 부르주아들이 자신들의 지배와 함께 도입하게 될 것이 분명한 사회적, 정치적 조건들을 역으로 부르주아를 향한 무기로 겨눌 수 있게 되고, 독일에서 반동적인 계급이 붕괴하게 되면, 이 무기를 가지고 곧 부르주아에 대항한 싸움을 시작한다.

공산주의자들은 독일을 주목하고 있다. 왜냐하면 독일은 시민혁명 전야에 있는데, 17세기의 영국과 18세기 프랑스보다 유럽 문명화가 더 진전된 조건하에서, 더 나아가 훨씬 발전된 프롤레타리아와 함께 이런 전복을 수행하고 있기 때문이다. 독일의 시민혁명은 그러니까 프롤레타리아 혁명의 직접적인 전주일 수 있다.

한마디로, 공산주의자들은 도처에서 기존 사회와 정치적인 상황에 대항하는 혁명적인 운동을 지지한다.

이런 모든 운동에서 그들은 그것이 어느 정도 발전되었든지 간에, 소유의 문제를 운동의 근본 문제로 제기한다.

공산주의자들은 마침내 도처에서 모든 나라의 민주적 정당들과 연계와 교감을 위해 노력한다.

공산주의자들은 자신들의 견해와 의도를 감추기를 거부한다. 그들은 자신들의 목적은 기존의 모든 사회 질서를 힘으로 전복시킴으로써만 이룰 수 있다고 분명하게 선언한다. 공산주의 혁명 앞에서 지배 계급들을 떨게 하라. 공산주의 혁명에서 프롤레타리아가 잃을 수 있는 것은 그들의 족쇄뿐이다. 그들에겐 얻어야 할 하나의 세계가 있다.

모든 나라의 프롤레타리아여, 단결하라!